AF330483

SPECTACLES,

Piéces Dramatiques & Jeux des Colleges.

Cet Article n'a pas pû trouver place dans les deux derniers mois.

ON ne peut pas douter que les Conciles, les SS. Peres, & les autres Docteurs qui ont blâmé la Comedie, n'ayent eu de bonnes intentions. Mais on doit raisonnablement penser que si le Poëme Dramatique avoit été, comme nous le voyons de notre tems, il n'auroit pas été l'objet de leur severe censure. Pour s'en convain-

E ij

cre il n'y a qu'à voir les Representations qu'on donne tous les ans, fur des Theâtres magnifiques, dans les Colleges, & dans d'autres Maifons & Communautez Religieufes, qui font profeffion d'enfeigner, & qui pratiquent en effet la Morale la plus étroite, où l'on voit des Tragedies & d'autres Piéces de Theâtre, dans lefquelles par un mêlange ingenieux du Sacré & du Profane, toutes les paffions font admirablement mifes en leur jour. On y employe même pour de certains rôles d'autres perfonnes que des Ecoliers. On y danfe des Balets, & toute la difference qui fe trouve entre ces Spectacles & ceux qu'on donne fur le Theâtre François, ne confifte que dans la qualité des Acteurs, & en ce qu'on n'y voit point de femmes. Mais l'amour, l'ambition, la colere, la vengeance, & les autres paffions, qu'on veut que la Comedie fouleve, tandis que le Chriftianifme a pour but de les abatre, peuvent faire une auffi forte impreffion, qu'elles en feroient fur les autres Theâtres.

Les Spectacles qui fe donnent aux Colleges font très-loüables & très-anciens. On les regarde comme des fêtes publiques, qui fervent comme de couronnement aux penibles travaux de toute une année : on y diftribue des prix à la jeuneffe qui a fourni

sa carriere au gré des Professeurs. Cela
l'excite à y rentrer avec plus d'ardeur
après quelque relâche, & cela donne une
noble assurance, & une sage hardiesse pour
pouvoir paroître & parler en public d'un
ton ferme, & avec un geste libre & sans
contrainte. Apparemment les Spectacles
n'étoient pas si reglez autrefois qu'ils le
sont aujourd'hui ; car l'Article 19. de la
Pragmatique Sanction, défend les Spectacles & les Banquets dans les Eglises, &c.

Pour mettre au fait des lieux où se donnent ces Spectacles, disons un mot de
l'Université de Paris. Elle consiste en 50.
Colleges, dont dix seulement sont de plein
exercice, c'est-à-dire, qu'on y enseigne
les Belles Lettres & la Philosophie sans re-
striction, au lieu que les autres sont bor-
nez aux élemens de quelques Sciences. Il
y en a même où il n'y a aucun exercice,
ni Professeurs, comme celui de Maître
Gervais, &c. ce sont des lieux fondez pour
y entretenir quelques pauvres Garçons,
& leur donner le moyen d'étudier sous le
nom de Boursiers.

A ces dix Colleges de plein exercice,
il faut en ajoûter un onziéme, qui, pour
n'être pas du Corps de l'Université, n'en
est pas moins utile, c'est le College des
Jesuites, cy-devant appellé de Clermont,
& depuis de Louis le Grand, Restaura-

 teur

teur & Bienfaiteur. Les dix Colleges dont nous parlons sont, Navarre, Harcour, Lisieux, le Plessis, Beauvais, la Marche, Montaigu, le Cardinal le Moine, les Grassins, & celui des Quatre Nations, ou College Mazarin.

On donne ordinairement à Paris ces sortes de Spectacles dans le mois d'Aoust, mais comme cela grossiroit trop notre Journal, si on parloit de toutes dans ce Livre, & seroit contraire à la varieté que nous voulons y conserver, nous distribuerons les Extraits de ces Piéces dans les mois suivans, & quand il nous en tombera entre les mains d'anciennes, qui en vaudront la peine, nous ne laisserons pas d'en faire usage, pour les conserver au Public, car ces sortes de Piéces sont pour l'ordinaire perduës & aneanties en peu de tems. Nous prions ceux qui en ont de vouloir nous en faire part, & les Superieurs des Colleges, Confrairies & Communautez dans les Provinces, de nous faire remettre à l'adresse du Mercure, les Programmes, ou les Piéces entieres des Spectacles, Jeux, Divertissemens, Actes, Réprésentations de Tragedies, Comedies, Pastorales, Balets, &c. donnez dans leurs Maisons, en Latin, ou en François, pour en gratifier le Public.

Le Mercredi 6. Août, le PARFAIT MO-
NARQUE

NARQUE, Ballet dansé au College de Louis le Grand, à la Tragedie de Regulus.

DESSEIN ET DIVISION DU BALLET.

ON ne peut remplir l'idée d'un parfait Souverain, qu'on ne remplisse parfaitement les devoirs attachés à la Souveraineté. Ces importans devoirs fournissent la matiere de ce Ballet. La premiere partie represente ce que doit faire un Souverain pour sa propre gloire. La seconde, ce qu'il doit faire pour le bonheur de ses Sujets. La troisiéme, ce qu'il doit faire pour reduire ses Ennemis. La quatriéme, ce qu'il doit faire pour l'honneur des Autels. On place cette partie la derniere, comme celle qui met le comble à la perfection d'un Souverain.

Les aimables qualités que la France admire en son jeune Roy, semblent déja promettre & assurer à ce Prince le Titre de ROY PARFAIT, pour lequel il ne marque tant d'inclination, que parce qu'il veut le meriter dans le cours d'un Regne heureux & glorieux.

OUVERTURE DU BALLET.

ATLAS dans sa vieillesse ne se sentant plus assez de forces pour porter le Globe du monde, s'en décharge en presence de Jupiter assis sur l'Olympe avec les Demi-Dieux, & demande au Souverain de l'Univers un Potentat qui puisse desormais soutenir ce poids immense. Les Quatre Parties du monde sortent de ce Globe, & viennent avec leurs Peuples faire des vœux, pour obtenir un Roy, qui tienne sur la terre la place qu'occupoient les demi Dieux, avant que Jupiter les appellât au Ciel.

PREMIERE PARTIE.

Ce que doit faire un Souverain pour sa propre gloire.

1. *Estre à l'épreuve de toutes les Passions contraires à la vraie grandeur.*
2. *Joindre à la suprême Puissance toutes les Vertus Royales dans un suprême degré.*
3. *Regner par lui-même, & n'user que de conseils utiles à sa gloire & au bien de ses Etats.*
4. *Se faire aimer & respecter tant des siens, que des étrangers.*

C'est le sujet des quatre Entrées de cette premiere Partie, où l'on n'envisage que les qualitez personnelles du Souverain, sans rapport aux autres choses qui contribuent à sa gloire.

I. ENTRE'E.

Persée couvert de l'Egide de Pallas, avec laquelle il repousse tous les traits de la volupté, & dompte la fureur des Gorgones, represente un Prince que sa haute sagesse met à l'épreuve des passions douces, & des passions violentes.

II. ENTRE'E.

La Justice, la Prudence, la Liberalité, la Constance, & les autres Vertus Royales reglent tous les pas & les démarches de Lycurge Roy & Legislateur de Lacedemone. Elles le couronne à l'envi, & par reconnoissance il les fait asseoir à ses côtez sur le Thrône, d'où il prononce ses Loix.

III. ENTRE'E.

Aussi tôt que Lycurge est placé sur le Thrône, les divers Ordres de l'Etat viennent recevoir ses Loix, qu'il énonce lui même, & ne prend conseil que des Vertus qui l'environnent.

IV. ENTRE'E.

Titus Empereur Romain, que son cœur

genereux & bienfaisant fit appeller *Les delices du Genre humain*, reçoit avec autant de bonté que de majesté, les hommages que lui viennent rendre les principaux Romains & les Ambassadeurs d'Asie & d'Afrique. Chacun d'eux présente respectueusement à ce Prince les cœurs de leurs Nations. Les Suivans des Ambassadeurs font une Fête avec les Romains en l'honneur de Titus, qui leur a fait un accueil si gracieux.

II. PARTIE.

Ce que doit faire un Souverain pour le bonheur de ses Sujets.

C'est de leur procurer, autant qu'il est en son pouvoir, tous les avantages qui concernent la Necessité, l'Utilité, l'Agrément; mais aucun qui puisse dégenerer en licence.

I. ENTRE'E.

Cerès, Bacchus & Cybelle, irritez du cruel festin que leur avoit fait servir Tantale, & ne voulant plus fournir ni bled ni vin à cette contrée barbare, font naître de ce festin même la Faim, la Soif, &c. pour tourmenter ce Prince & son Peuple. Pelops fils & successeur de Tantale, fléchit par sa pieté la colere des Divinitez outragées. Il invoque Neptune qui lui fait venir par mer des bleds & des vins en abondance pour le soulagement de ses sujets.

II. ENTRE'E.

Agenor Roi des Pheniciens pourvoit à l'utilité de son peuple par le commerce que lui enseigne Mercure; & Idoménée par les Arts qu'il fait fleurir en son nouveau Royaume de Salente, suivant le conseil de Minerve.

III. ENTRE'E.

Pendant que Saturne regne en Italie, les villes

E v   &

& les campagnes goûtent sous son Empire la douceur des plaisirs innocens.

IV. Entre'e.

Le Peuple de Thessalonique abusant des Prosperitez qu'il devoit à la bonté de Theodose, devient oisif, s'amuse à des spectacles de Pantomimes & de Saltinbanques, où il maltraite un Officier que l'Empereur envoye pour y presider. Ce qui engage ce Prince à une vengeance outrée, qui change ce spectacle licentieux en un theâtre d'horreur.

III. PARTIE.

Ce que doit faire le Souverain pour reduire ses ennemis.

1. N'entreprendre la Guerre que pour de justes raisons, & en vuë de la Paix.

2. Bien agguerrir, & bien conduire ses Troupes.

3. User de clemence & de moderation dans la victoire.

4. Rendre sa Domination aimable aux vaincus, pour la rendre durable.

I. Entre'e.

Agesilas Roy de Sparte, toujours attentif à vivre en bonne intelligence avec ses voisins, & ses alliez, n'entreprend la guerre contre Thissapherne Roi de Perse, que pour repousser la violence de cet ennemi, qui venoit piller son Royaume, & qu'après lui avoir fait offrir la paix par ses Envoyez. Themis lui met le Glaive en main pour marquer la Justice de ses Armes ; Mars l'arme d'un Bouclier pour sa défense ; la Victoire lui montre le Laurier ; la Paix l'invite à preferer le Rameau d'Olive qu'elle lui presente.

II. Entre'e.

Cyrus fait faire l'exercice, & former un Siege

à

à des jeunes Guerriers, qu'il conduit à la conquête de l'Asie.

III. ENTRE'E.

Trajan, le meilleur des Céfars, fait ôter les chaînes aux Captifs qu'on avoit attachez à son Char de Triomphe. Il est ravi de les voir prendre part à la joye publique des Romains.

IV. ENTRE'E.

Le même Trajan ne se contente pas d'avoir donné la liberté aux Captifs, il donne encore à leurs pricipaux Chefs le droit de Bourgeoisie dans Rome, & de ses ennemis en fait ses alliez.

IV. PARTIE.

Ce que doit faire un Souverain pour l'honneur des Autels.

1. *L'établir.* 2. *Le maintenir* 3. *L'étendre.*
4. *Le perpetuer.*

I. ENTRE'E.

Constantin le Grand, après la défaite du Tyran Maxence, vient avec ses Officiers & quelques Mineurs faire démolir les Temples, & abbatre les Statuës des fausses Divinitez, pour établir le culte sacré sur les ruines du Prophane. Les Génies qui animent les Statuës, tâchent d'abord de le flechir par leurs supplications, mais le voyant inflexible, ils marquent leur dépit par une danse furieuse.

II. ENTRE'E.

Le Genie de la France va de la part de Philippe Auguste presenter des Armes au Comte Simon de Montfort, pour combattre l'Heresie contraire à l'honneur des Autels. Ce General,

E vj   comme

comme un autre Hercule François, terraſſe
cette Hydre ſortie de l'Abîme.

III. ENTRE'E.

Les Barbares que Charlemagne n'avoit ſubju-
guez que pour étendre l'Empire du Chriſtia-
niſme, viennent mettre les armes bas aux pieds
des Generaux François, qui en dreſſent un Trophée à la vraie Religion.

IV. ENTRE'E.

Pendant qu'on éleve ce Trophée à la gloire
des Autels, le Tems armé de ſa faulx, tâche en
vain de renverſer cet ouvrage. Les braves François, ſuivant l'ordre qu'ils ont reçû de leur Roi,
déſarment cet implacable ennemi des plus beaux
établiſſemens.

BALLET GENERAL.

Les Peuples s'applaudiſſent du parfait Monarque que le Ciel leur a donné. Ils en temoignent
leur joye par diverſes Danſes conformes au goût
& au genie des differens climats. Tous à l'envi ſe
rangent ſous ſon Empire, marchent ſous ſes Ordres, & font des vœux pour la durée de ſon
Regne.

Les Danſes ſont de la compoſition de M.
FROMENT.

Le 27 Aouſt, à trois heures après midi, les
Rhetoriciens du même College ont plaidé une
Cauſe dont voici le ſujet.

ARISTE, Négociant habile & vertueux, ayant
amaſſé de grands biens dans une Ville maritime du
Royaume; & né devant ſa fortune qu'à lui même,
voulut la partager entre les pauvres & ſes heritiers.
Il laiſſa par ſon teſtament de quoy fonder un Hôpital,
pour loger, nourrir, & entretenir au moins trois
cens perſonnes; avec cette condition, qu'on admet-
trait

troit préferablement à tout autre, l'espece de pauvres
dont la misere paroîtroit plus digne de compas-
sion, & pour qui il n'y auroit point encore de re-
traite établie en cette même Ville.

On présente des pauvres de quatre especes ; des
Aveugles, des Insensez, des Enfans Orphelins, &
des Vieillards qui ne sont plus en état de travailler.
Il s'agit de sçavoir laquelle de ces especes doit l'em-
porter sur les autres ; & dans quel rang ces differens
pauvres doivent estre admis, pour remplir les pla-
ces fondées par Ariste.

Les sieurs Masson, Parin, de Villeneuve & de
Marsi ont parlé pour les Aveugles, les Insensez,
les Orphelins & les Vieillards. Le sieur de Mar-
ville a jugé en faveur des Insensez.

On a representé dans le même mois d'Aoust au
College du Plessis une Tragedie intitulée Pompée.
L'Apologue qu'on va lire, est tiré de la petite
Piéce qui sert d'Epilogue. C'est Lycidas qui parle.

L'AIGLON ORPHELIN.

Un jeune Aiglon à peine avoit commencé
  d'être,
Que par un coup fatal il se vit orphelin.
Il devoit des Oyseaux un jour par son destin
Etre, ainsi que son Pere, & le Prince & le Maître,
Et porter comme lui le foudre de Jupin.

La République aîlée étant donc inquiéte
Comment l'Enfant Royal apprendroit à regner,
Ayant perdu celui qui pouvoit l'enseigner,
Dans un Bois écarté convoqua la Diéte.
Après qu'on eut longtemps raisonné, disputé,
Qu'on eût fait, qu'on eût dit tout ce qu'on pou-
  voit dire,

Il y fut enfin arrêté
Qu'il seroit au plutôt choisi dans tout l'Empire
Deux Sujets capables d'instruire
Le Monarque naissant. On regarde, & d'abord
On choisit d'un commun accord
Un Faucon, l'ornement de la Race emplumée,
Qui par son âge, & beaucoup plus encor
Par sa Prudence consommée
Etoit du Peuple Oiseau devenu le Nestor.
Pour le Monarque Enfant c'étoit un vrai tresor.
Il devoit lui montrer par quelle noble audace
Il pourroit s'élevant jusqu'au plus haut des airs
Affronter le Soleil, & braver les éclairs :
Comment digne heritier des vertus de sa Race,
Il devoit sur les pas de ses braves Ayeux,
Des Dragons, des Serpens méprifer la menace,
Et malgré leurs efforts, leurs replis tortueux,
Les combattre, & triompher d'eux.
Dans cette glorieuse place
On lui donna pour compagnon
Un Cygne. Mais c'étoit un Cygne de renom,
Que la blancheur de son plumage
Relevoit beaucoup moins que les rares talens
Qu'il reçut du Ciel en partage :
Caressant, doux, modeste, accessible en tout tems,
De tout instruit, parlant bien le langage
Propre aux Oiseaux, mais parlant encore
mieux

Le langage des Dieux.

Son miniftere devoit être
D'infpirer au Monarque une tendre bonté
Pour ceux à qui le Ciel le deftinoit pour Maître.
Il devoit par fes foins en fon cœur faire naître
  Douceur, Clemence, Humanité,
Le convaincre fur-tout que ce Dieu redouté
Qui lui devoit bien-tôt confier fon Tonneire,
  Veut que les Rois, les Peuples, tout revére
  Sa redoutable Majefté.
  Les lots ainfi donnés, chacun du fien s'acquite,
  Chacun fait leçon à fon tour.
C'eft merveille de voir comment l'Aiglon profite:
  On voit en lui fe former chaque jour
  Quelque perfection nouvelle.
Jamais terre ne fut plus prompte & plus fidelle
  A remplir l'efpoir empreffé
  Du Laboureur intereffé.
Mais parmi les progrès d'un Eleve fi digne
Ce qui furprend le plus ceux qu'ils ont pour té-
  moins,
C'eft que bien que formé par les fideles foins
  Du Faucon & du Cygne,
On voit en lui pourtant par un prodige infigne
Je ne fçai quoi, qui n'eft ni Cygne ni Faucon,
  Mais quelque chofe encor de plus fublime,
  De plus grand, de plus magnanime,

          Je

Je ne sçai quoi sentant plus son Aiglon,
Que l'on conçoit mieux que l'on ne l'ex-
prime,
Et qui ne peut par aucune leçon
Estre donné. Les Oiseaux s'en étonnent,
Et comme entr'eux ils en raisonnent,
Ne soyez point surpris; leur dit d'un grave ton
Un Corbeau presque centenaire,
Le Roy que vont avoir les habitans de l'air,
Jupiter le destine à porter son tonnerre,
Son premier Maître aussi c'est Jupiter :
Ce Dieu puissant & debonnaire
Joignit en le formant les vertus de son Pere
A celles du plus GRAND de ses nobles Ayeux,
Et composa pour lui cet heureux caractere
Qui nous annonce un Regne salutaire,
Et nous répond d'un Roy selon nos vœux.
Puisse ce Dieu clement agréant nos offrandes,
Défendre notre Aiglon, le proteger toujours,
Et lui donnant des jours
Au gré de nos demandes,
De son Regne attendu prolonger l'heureux cours.

APOLLON *répond.*

Oui, Lycidas, Jupiter l'aime
Cet Aiglon que ta main vient de peindre à nos
yeux,

A ses soins paternels, à sa bonté suprême,
Il sera toujours précieux.
Tandis que tout à son repos conspire ;
Que par des soins actifs, par d'importans secours,
Un Auguste Heros veille sur son Empire,
Jupiter veille sur ses jours.
En vain l'impitoyable Parque
L'avoit conduit au bord de la fatale Barque
Où tout mortel est attendu :
En vain prête à couper la trâme du Monarque,
Elle tenoit déja son cizeau suspendu ;
Jupiter attentif de son Palais celeste
A détourné le coup funeste
Par qui ce Roy des airs dans la nuit du tombeau
Alloit voir de ses jours éteindre le flambeau :
Ce Dieu parle. A sa voix puissante
La Parque obéissante
A laissé tomber son cizeau.
Quelles fêtes, grands Dieux ! quels transports
d'alegresse
Ont dissipé soudain la mortelle tristesse
Où tous les cœurs étoient plongez !
Par tout en cris de joye on voit les pleurs chan-
gez.
Grands, Petits, Enfance, Vieillesse,
Tout s'anime, tout s'interesse,
Tout goûte avec plaisir un bien si précieux :
De toutes parts chacun s'empresse

A chanter le bienfait des Dieux.
Les Temples chaque jour retentiffent fans ceffe
Des plus melodieux accens ;
Par-tout fur les Autels on voit fumer l'encens,
Et la Terre livrée à la réjoüiffance,
Semble vouloir par mille feux divers
Elancez dans les airs,
Forcer le Ciel, témoin de fa reconnoiffance,
A partager fa joye & fes concerts.

Heureux le Roy que tout un Peuple adore !
Qui des vœux de ce Peuple eft l'objet fortuné.
Mais cent fois plus heureux encore
Le Peuple à qui ce Roy par les Dieux eft donné !
&c.

La Piéce qu'on vient de lire eft de M. Piat, Regent de Rhetorique du College du Pleffis.

On nous écrit de Rome que le Jeudi
18. Septembre, dans la grande Salle du
College Romain, tenduë de belles tapif-
feries de velours & de damas cramoifi, on
avoit dreffé un Theâtre magnifique fur le
deffein & par les foins du Sig. Jean Do-
minique Pioli, très-habile en perfpective
& en décorations, fur lequel Theâtre on
reprefenta une Tragedie en Vers Latins,
intitulée ALTEMENE, du P. Carpani Je-
fuite, compofée fur le modele des Tragé-
dies de Seneque; en cinq Actes, avec un
Prologue

Prologue & des intermedes en Mufique de
la compofition du fameux Sig. Carlo Fran.
Cefarini, Maître de la Chapelle du Pape,
& d'autres ornemens & exercices conve-
nables à cette Piéce, un Ballet où les Jeux
Olympiques étoient reprefentez, &c. Ce
noble Spectacle étoit dedié au Cardinal
Nugno de Cunha d'Attayde, lequel a fait
éclater fa magnificence & fa liberalité,
non - feulement en fourniffant à toute la
dépenfe pour cette magnique reprefenta-
tion, mais encore en faifant donner des pre-
fens, proportionnez à fa generofité, aux
huit jeunes Ecoliers qui ont declamé la
Tragedie, aux plus habiles Rhetoriciens,
Humaniftes, & autres de la premiere, de
là feconde & de la troifiéme Claffe. On
diftribua des Livres & des bougies à tous
les Spectateurs, qui étoient en trés grand
nombre, & à tous les Entr'Actes on fer-
voit toutes fortes de rafraîchiffemens, des
forbets de toute efpece, des bifcuits, des
fruits glacez, &c. Ce magnifique Spectacle, honoré de la prefence de 23 Cardinaux, des Miniftres des Princes Etrangers,
de divers Princes & Seigneurs Romains,
ne finit qu'à deux heures de nuit.

L'après-dinée du 5 Octobre il y eut une
fête Academique au College Clementin,
où les Academiftes celebrerent les Lettres,
les Armes, & les beaux Arts, par un aparat
des

des plus magnifiques. On voyoit representé sur un grand Théâtre élevé dans la
grande cour, le Temple de la Gloire, sou-
tenu par des colonnes, avec un frontispice
fort élevé, orné de trophées, de palmes,
& de lauriers, avec des festons de fleurs
qui indiquoient les divers exercices des
Armes & des Lettres qu'on cultive dans
ce College. Le simulacre de la Gloire pa-
roissoit entre Pallas & Hercule, &c. tout
cet aparat fut dessiné par le celebre Fran-
Bibiana Architecte & Ingenieur. La fête
étoit dediée au Cardinal Pereira, & ho-
norée de la presence de 19. Cardinaux, &
de grand nombre de Princes & Seigneurs.

Après une symphonie bruyante de trom-
pettes, timbales, cors de chasse & hautbois,
on recita des Vers Latins & Italiens, & quelques discours en prose, contenus dans les
Livres imprimés qu'on distribua. Ensuite
parurent les Danseurs du Ballet, lequel
Ballet varié & ingenieusement composé,
fut suivi de l'exercice de l'Epée, de la Pique,
du Drapeau, &c. aprés quoi les Cavaliers
entrerent en lice pour l'exercice du manege:
ils formerent des tournois, des joûtes, &c.
Cette agreable fête fut terminée par une
Cantate à trois voix, qui faisoit allusion aux
trois principaux exercices de ce College,
qui ont pour objet la Religion, la Vertu
& la Noblesse.

L'OPERA.

Du haut des Cieux une legion d'Anges
Tombe aux genoux de ce Divin Enfant;
L'air retentit de ses loüanges;
Trois Rois du fond de l'Orient
Viennent mettre à ses pieds leur Sceptre & leur
Couronne.
L'Enfer fremit, la Nature s'étonne;
Jesus dans sa Creche est plus grand
Qu'Herode sur son Thrône.

Peuple à gemir si long-tems condamné,
Le Ciel enfin à vos maux s'interesse;
Israël, c'est pour vous que le Sauveur est né.
Que tout chante, que tout s'empresse,
Sur votre front de festons couronné,
Faites éclater l'allegresse,
Israël, c'est pour vous que le Sauveur est né.

Plus d'allarmes,
Plus de larmes,
Sion, livrez vous
Aux transports les plus doux;
Reprenez tous vos charmes,
Allez recevoir votre Epoux.
Plus d'allarmes, &c.

*Par le P. DE PONCY, Jesuite, de la Province
de Lyon, âgé de 22. ans.*

C

LE LYS ET LA VIOLETTE.

ALLEGORIE.

UN Lys avoit fa Cour.   En quels lieux étoit-
   elle ?
  L'hiſtoire ne nous en dit rien :
Elle dit ſeulement, & je le croirois bien
   Que jamais Cour ne fut plus belle.
   On y voyoit de tous côtés
Mille fleurs étaler leurs naïves beautés ,
L'Anemone à l'œil vif, la blanche Tubereuſe,
La Roſe , la Tulippe , au maintien gracieuſe
   La Jonquille à l'odeur flateuſe ,
   Se diſputoient à qui mieux mieux
L'honneur d'entretenir l'agrément de ces lieux,
Certaines fleurs ſur-tout de la Chine apportées
   Faiſoient grand bruit & grand fracas ,
En vingt endroits divers ſuperbement plantées,
   Elles vouloient par tout avoir le pas,
   On y couroit , c'étoit la mode ,
On aimoit (de tout tems on eut cette methode)
   La nouveauté de leurs appas.
    En brillant équipage
    On voyoit chaque jour
    Maints papillon volage
    Leur venir rendre homage
    Et leur faire la cour.

            La

La Violette seule au fond de la contrée
Vivoit modestement en un coin retirée.
Elle avoit eu jadis un sort plus glorieux
Née au pied du Lys même, à ce que dit l'histoire,
Elle avoit sçû long-tems briller seule à ses yeux ;
Mais ce tems n'étoit plus : le faste ambitieux
En avoit presque éteint jusques à la memoire.
Elle n'avoit gardé de sa premiere gloire
Qu'une fierté modeste, une noble candeur,
Une beauté sans fard, une agreable odeur,
Pour le noir artifice une haine implacable,
Et sur-tout pour le Lys un zéle inalterable.
Au reste elle étoit simple, & par cette raison
Chacun la méprisoit : ce n'estoit, disoit-on,
Qu'une plante vulgaire, une fleur surannée,
Prisée aux tems passés des Grecs & des Latins ;
Mais pour le tems present les goûts étant plus fins
A quoi pouvoit servir la pauvre infortunée ?
A rien, ou tout au plus à parer quelquefois
Ou les Bergers des Champs, ou les Nimphes des
           Bois.
Ainsi vivoit au loin la triste Violette,
        Lorsque le Lys parcourant ses Etats
Les Dieux vers l'humble fleur conduisirent ses
           pas.
Dés le premier regard que ce Prince lui jette,
        Il reconnoît ses innocens appas,
Ces charmes naturels qui dans les premiers âges
                  C ij   Avoient

Avoient de ses Ayeux mérité les suffrages.

Il s'arrête, & d'un ton qui marquoit sa bonté
    Sortés, dit-il, de votre obscurité,
    Suivés votre Monarque : A ces ordres
        soumise,
Elle part sur le champ, à la Cour elle vient :
Nombre d'admirateurs aussi-tôt la courtise.
    On la caresse, on la vante, on la prise,
    En maints endroits on s'entretient
    De sa beauté, chacun la trouve exquise,
    Ceux-ci par inclination,
    Ceux-là par politique. Il n'est fleur si hau-
        taine
    Qui suspendant en cette occasion
        Son orgüeil & sa haine,
        De son affection,
A la nouvelle fleur ne donne quelque marque,
Sur-tout on loüa fort le bon goût du Monarque.

Nous le loüons aussi ; puisse ce Roy des Fleurs
Regner aussi long-tems que notre cœur souhaitte,
        Et continuant ses faveurs
Aussi long-tmems cherir la simple Violette.

*Cette Piéce est de M. Piat, Regent de
Rhetorique du College du Plessis, Auteur de
l'Aiglon orphelin. Elle fut luë sur le Theâtre, & fort applaudie, le 21 Aoust dernier,
ors de la distribution des prix.*

                        Epistre

SPECTACLES.

PIECES DRAMATIQUES

ET JEUX DES COLLEGES.

LE 10 Août dernier on representa à
Paris sur le Theâtre du College
Mazarin, pour la distribution des prix,
la Tragedie de SEDECIAS, en trois Actes,
dont voici le sujet.

Sedecias, fils de Josias, ayant été établi
Roi des Juifs par Nabuchodonozor, à la
place de Joachim son neveu, que ce Roy
des Assiriens emmena captif à Babylone;
bien loin de reconnoître une si grande faveur, & d'entretenir avec son bienfaicteur
une paix sincere & solide suivant le ser-
ment qu'il en avoit fait; il rompit peu
de

de temps après avec lui, fit alliance avec
le Roy d'Egypte, & sans respecter les
avis que le Prophete Jeremie lui donnot
de la part de Dieu, pour prévenir les derniers malheurs dont il étoit menacé, il
imita les excès & les impietés de son Pre-
decesseur, & porta par son exemple son
Peuple à toutes sortes d'abominations.
Cette conduite attira sur lui & sur ses Sujets la colere & la vengeance du Seigneur ;
car étant sur la fin de la neuviéme année
de son Regne, Dieu suscita aussi contre
lui Nabuchodonosor, qui ne pensant qu'à
venger ses injures particulieres, vengea
en effet celles de Dieu. Le Siege de Jerusalem qu'il tint long-temps environnée de
toutes ses Troupes, la réduisit à une fa-
mine effroyable ; & après deux ans on
donna à la Ville un grand assaut, & on y
entra par la breche. Plusieurs personnes
de qualité s'enfuirent pendant les tenebres
de la nuit, & Sedécias lui-même avec ses
deux enfans, se sauva par une porte secrete,
mais Nabuchodonosor l'ayant fait pour-
suivre, il fut attrapé près de Jericho, &
amené devant ce vainqueur, qui ayant
fait tuer en sa presence ses deux fils, lui
fit crever les yeux, le chargea de chaînes,
& le mena en cet état à Babylone.

PERSONNAGES.

PERSONNAGES.

NABUCHODONOSOR Roi de Babylone.

NABAZARIS, Prince Chaldéen, & Ge-
ral des Armées de Nabuchodonosor.

AREMANTUS & EMEGARUS, Lieu-
tenans Generaux de Nabuchodonosor.

SEDECIAS Roi des Juifs.

JEREMIE, Prophete.

MARDOCHE'E, Prince Juif.

GEDELIAS, premier Ministre de Sedecias.

HELCIAS, fils de Sedecias.

AZARIAS, frere d'Helcias.

*La Scene est à Jerusalem, dans le Palais
de David.*

Au reste cette Piece n'est point nouvelle ; elle a déja été representée sur le
même Theâtre en 1703. Il y a même
assez long-tems que les Professeurs de ce
Collège n'en ont donné de leur compo-
sition.

Une autre Tragedie sous le même
titre fut representée au College d'Harcour
au mois d'Août 1717, par les Ecoliers
de ce College, M. Josset, qui y étoit Pro-
fesseur

feſſeur de Rhetorique, en eſt l'Auteur.
Nous allons donner le nom des Perſonna-
ges, après avoir dit un mot du ſujet,
qui eſt pris du quatriéme Livre des Rois.

*Ayant donc pris le Roy, ils l'emmenerent
au Roy de Babylone, à Reblata, & le Roy
de Babylone lui prononça ſon Arreſt ; il fit
mourir les fils de Sedécias aux yeux de leur
pere, il lui creva les yeux, le chargea de
chaînes, & l'emmena à Babylone.*

PERSONNAGES DE LA PIECE.

SEDECIAS, *Roy de Juda.*

OSIAS & MISAEL, *fils de Sedecias.*

SAREA, *Pontife.*

NABUCHODONOSOR, *Roy d'Aſſyrie.*

AREMANT, *Generaliſſime de l'Armée de
Nabuchodonoſor.*

ARIOC, *Capitaine des Gardes de Nabuchodonoſor.*

NABUZARDAN, *General de l'Armée
de Nabuchodonoſor.*

ZACHUR, *ami d'Aremant.*

La Scene eſt à Reblata, Ville de Syrie.

THEATRE